Y0-AGJ-114

A+
books
BILINGÜE/BILINGUAL

Las semillas se plantan, las semillas crecen

SEEDS GO, SEEDS GROW

por/by Mark Weakland

CAPSTONE PRESS
a capstone imprint

Hard and silent, a seed does not look alive.

Dura y silenciosa, una semilla no parece estar viva.

2

But inside each seed is a living plant waiting to grow.

Pero dentro de cada semilla hay una planta viviente esperando crecer.

Every seed has a tough outside coat. The coat keeps the living part of the seed safe.

Todas las semillas tienen un revestimiento externo duro. El revestimiento mantiene segura la parte viviente de la semilla.

4

Beneath the coat, a layer of food feeds the seed as it grows.

Debajo del revestimiento, una capa de alimento alimenta a la semilla mientras crece.

5

Where can you find
seeds? Everywhere!

¿Dónde puedes
encontrar semillas?
¡Por todas partes!

6

Fleshy fruits like watermelons and pumpkins hold handfuls of seeds.

Frutas carnosas como las sandías y las calabazas tienen muchas semillas.

Some seeds, like sunflower seeds, are easy to see. They grow on the outside of a plant.

Algunas semillas, como las del girasol, son fáciles de ver. Ellas crecen en la parte de afuera de la planta.

seeds/semillas

Peas are seeds that grow inside pods.

Los guisantes son semillas que crecen dentro de una vaina.

10

The outside of each pea
will dry up and harden
until planting time.

El exterior de cada guisante
se secará y endurecerá hasta
que sea la hora de plantar.

11

Seeds from a maple tree
twirl through the air
like helicopters.

Las semillas de un
arce giran en el aire
como helicópteros.

Dandelion seeds drift in the wind like balloons, traveling to faraway places.

Las semillas de los dientes de león vuelan con el viento como globos, viajando a lugares lejanos.

A coconut seed floats like a boat in the water. Carried by ocean currents, it lands on a beach. Then the seed will sprout.

Una semilla de coco flota como un bote en el agua. Llevada por las corrientes marinas, llega a una playa. Luego, la semilla crecerá.

Prickly seeds covered in hooks stick to the fur of animals.

Semillas espinosas cubiertas con ganchos se pegan al pelaje de los animales.

Carried by dogs, bears, and other furry creatures, these seeds hitch a ride to a new location.

Llevadas por perros, osos y otros animales peludos, estas semillas viajan a un nuevo lugar.

How are seeds made? They begin with flowers. Each flower produces pollen. Grains of pollen look like fuzzy yellow dust near the center of a flower.

¿Cómo se hacen las semillas? Comienzan en las flores. Cada flor produce polen. Granos de polen se ven como un polvo amarillo peludo cerca del centro de la flor.

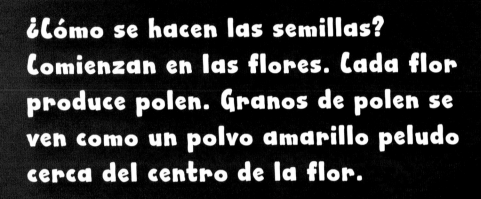

19

Busy butterflies, bees, and moths
carry pollen from blossom to blossom.
This process is called pollination.

Mariposas, abejas y polillas
trabajadoras llevan el polen
de flor a flor. Este proceso se
llama polinización.

After pollen grains attach to the sticky insides of a flower, seeds begin to form. As the seeds grow larger, the old flower falls away.

Después que los granos de polen se pegan al interior pegajoso de la flor, las semillas empiezan a formarse. A medida que las semillas crecen más grandes, la flor vieja se marchita.

Most seeds fall to the earth and grow without help. People sometimes help seeds to grow by planting them in the soil.

La mayoría de las semillas caen a la tierra y crecen sin ayuda. Algunas veces, la gente ayuda a las semillas a crecer al plantarlas en la tierra.

24

When seeds get warm enough and plenty of water, they awaken.

Cuando las semillas se calientan lo suficiente y reciben mucha agua, ellas se despiertan.

The seed bursts out of its shell coat
and begins to grow, or germinate.
Roots push into the soil.

La semilla sale de su revestimiento
y empieza a crecer o germinar.
Las raíces empujan su camino
dentro del suelo.

Planted seeds cast off their shell coats. They become seedlings.

Las semillas plantadas se deshacen de sus revestimientos. Ellas se convierten en plántulas.

What was once a hard seed
is now a soft green plant.

Lo que una vez fue una
semilla dura ahora es una
planta verde y suave.

Glossary

current—moving water that flows faster than the rest of the water

fleshy—soft and thick

germinate—to grow out of a seed

pollen—tiny, yellow grains in flowers

pollination—moving pollen from flower to flower; pollination helps flowers make seeds

seedling—a young plant that has just sprouted from a seed

Internet Sites

FactHound offers a safe, fun way to find Internet sites related to this book. All of the sites on FactHound have been researched by our staff.

Here's all you do:

Visit *www.facthound.com*

Type in this code: 9781429682602

Super-cool stuff!

Check out projects, games and lots more at
www.capstonekids.com

Glosario

carnosa—suave y gruesa

la corriente— agua que corre más rápidamente que el resto de las aguas

germinar—crecimiento de una semilla

el polen—granos amarillos pequeños en las flores

la polinización—mover polen de una flor a la otra; la polinización ayuda a las flores a hacer semillas

la vaina—una funda larga que contiene semillas de cierto tipo de planta, como los guisantes

Sitios de Internet

FactHound brinda una forma segura y divertida de encontrar sitios de Internet relacionados con este libro. Todos los sitios en FactHound han sido investigados por nuestro personal.

Esto es todo lo que tienes que hacer:

Visita *www.facthound.com*

Ingresa este código: 9781429682602

 ¡Algo súper divertido! Hay proyectos, juegos y mucho más en www.capstonekids.com

Index

Índice

A+ Books are published by Capstone Press,
1710 Roe Crest Drive, North Mankato, Minnesota 56003.
www.capstonepub.com

Copyright © 2012 by Capstone Press, a Capstone imprint.

Library of Congress Cataloging-in-Publication Data
Weakland, Mark.
 [Seeds go, seeds grow. Spanish & English]
 Las semillas se plantan, las semillas crecen = Seeds go, seeds grow / por/by Mark Weakland.
    p. cm.—(Comienza la ciencia = Science starts)
 Includes index.
 Summary: "Simple text and photographs explain the basic science behind seeds—in both English and Spanish"—Provided by publisher.
 ISBN 978-1-4296-8260-2 (library binding)
 1. Seeds—Juvenile literature. I. Title. II. Title: Seeds go, seeds grow. III. Series.
QK661.W3818 2012
575.6'8—dc23   2011028671

Credits
Jenny Marks, editor; Strictly Spanish, translation services; Alison Thiele, designer; Eric Manske, bilingual book designer; Marcie Spence, media researcher; Laura Manthe, production specialist

Photo Credits
Alamy Images: Scott Camazine, 16-17; iStockphoto: cjp, 24-25, fotobaby, 22-23, IgorDutina, 2-3, imv, 13, kkgas, 1, OGphoto, 12; Science Photo Library: Steve Percival, cover; Shutterstock: Ales Studeny, 10-11, Anna Sedneva, 4-5, Filipe B. Varela, 28, fotohunter, 6-7, Gorilla, 20-21, Marie C. Fields, 18-19, R-photos, 29, Richard Griffin, 27, Smit, 26, tomas del amo, 14-15, Yuriy Kulyk, 8-9

Note to Parents, Teachers, and Librarians
The Comienza la ciencia/Science Starts series supports national education standards related to science. This book describes and illustrates seeds in both English and Spanish. The images support early readers in understanding the text. The repetition of words and phrases helps early readers learn new words. This book also introduces early readers to subject-specific vocabulary words, which are defined in the Glossary section. Early readers may need assistance to read some words and to use the Table of Contents, Glossary, Internet Sites, and Index sections of the book.

Printed in the United States of America in North Mankato, Minnesota.
102011   006405CGS12